MESMO SEM DINHEIRO
COMPREI UM ESQUEITE NOVO

A marca FSC® é a garantia de que a madeira utilizada na fabricação do papel deste livro provém de florestas que foram gerenciadas de maneira ambientalmente correta, socialmente justa e economicamente viável, além de outras fontes de origem controlada.

PAULO SCOTT

Mesmo sem dinheiro comprei um esqueite novo

Companhia Das Letras

Copyright © 2014 by Paulo Scott

Grafia atualizada segundo o Acordo Ortográfico da Língua Portuguesa de 1990, que entrou em vigor no Brasil em 2009.

Capa
Kiko Farkas/ Máquina Estúdio

Preparação
Jaime Azenha

Revisão
Thaís Totino Richter
Marina Nogueira

Dados Internacionais de Catalogação na Publicação (CIP)
(Câmara Brasileira do Livro, SP, Brasil)

Scott, Paulo
Mesmo sem dinheiro comprei um esqueite novo
/ Paulo Scott. — 1ª ed. — São Paulo : Companhia das
Letras, 2014.

ISBN 978-85-359-2469-5

1. Poesia brasileira I. Título.

14-05587	CDD-869.91

Índice para catálogo sistemático:
1. Poesia : Literatura brasileira 869.91

[2014]
Todos os direitos desta edição reservados à
EDITORA SCHWARCZ S.A.
Rua Bandeira Paulista, 702, cj. 32
04532-002 — São Paulo — SP
Telefone: (11) 3707-3500
Fax: (11) 3707-3501
www.companhiadasletras.com.br
www.blogdacompanhia.com.br

Para Marlene Ponce de Leon

Sumário

LIVRO UM

Talvez numa carta, 11
Bondade, 14
A grande final, 15
Cangurus, 16
Do interior, 17
Fidelidade, 20
Os piores supermercados do mundo, 21
Advérbios de pequeno corpo, 22
Cento e dezesseis e uma índia fantasma, 24
A garota medalha, 25
Robala, 27
Gíria e salitre policial, 28
Gentilmente, 30
Lutem, 31
O relógio da Mesbla, 32
N'outro lote de gás, 34
Bitola Arizona, 35
Blitzkrieg, 36
Segundo as normas, 37
Ausência em peso líquido, 38
Papel suave, 39
E se a perda, 40
Júpiter compartilhado, 41
Primeira temporada completa, 42

Escola apaixonada por restaurante, 43
Clip-Clop, 44
Metrô d'água, 45
Fazenda, 46
Brincos de exposição, 47
Exaustão cinco, 48
Exaustão seis, 49
Exaustão sete, 50
Arpoador, 51
Lã de vidro, 52
Títulos protestados, 53
Qwert, 54
Estoque, 56
Caixa preferencial, 58
Seja macho, 59
Moinhos de Vento, 61
Látex, 62

LIVRO DOIS (Tempo romano)

Agradecimentos, 75

LIVRO UM

Talvez numa carta

a conveniência
de ser apenas alguém estranho
com ideias estranhas
já não é suficiente

você desejou com todas as forças
e agora se tornou uma espécie
de monstro inabalável

e a câmera que te
acompanhava já não existe
e você só está preocupado
em sobreviver

o sonho invejado pelos outros
não passa da única chance
de sair da cama antes do relógio
da cozinha soar meio-dia

novatos inventam que beberam
com você e que vararam a noite
com você e fizeram loucuras
na cama com você — mentiras

então numa festa com uísque de graça
uma bonitinha de cabelo curto
chega bem perto de você
e diz que sente pena de você

diz que você está se tornando
tão patético quanto as personagens
que inventou

o que de tudo ficará? literatura?
para que diabos serve a literatura
quando você está feliz e tem amor?
(amar é algo que não se completa)

preciso anotar que nunca
se está velho demais
preciso reencontrar a boa forma

estamos hipnotizados
querendo ser djs e radialistas
dramaturgos e cineastas

nós deveríamos ser a esperança
— que geração ridícula esta
que jurou jamais prometer
o que não pudesse cumprir

os pássaros cantam às
seis da manhã
aqui no rio de janeiro —
você é o único responsável

jogue fora os atalhos
tente não culpar mais ninguém

Bondade

quero morar na página onde morrem os elefantes
quero morar bem perto de você
e na falta de pressa e no abandono dos transeuntes
lotear dias de retorno e contracapas ao redor de você
e toda espanha e portugal pra descaberem
em teus pelos tomados pelo resto de trapézio e palco
: a medicina do tempo aguardará o silêncio (você está igual)

toda variação encontrará a tentativa do amor
e de não tê-lo pra adornar este deserto invencível
de mudez coreografada e também a pouca memória
das maneiras como renega a fraqueza
na barbaridade de fazer o dia seguinte entrar
: quero esse resquício ainda que não haja prática
e ignorar que somos tensão na emenda elástica

enquanto você fala dos filhos e minto que virei escritor

A grande final

deixou o hotel sem pagar as diárias
sem me contar onde viverá até o verão

até seus vestiários serem higienizados
pelo toma lá dá cá

pela testosterona, o seu arroz de igreja

Cangurus

carrega o sol do dia quente pra fila do cinema
o cinema pra beira da calçada
repete as frases espirituosas
da primeira vez em que me constrangeu

blusa bordada com janelas de pronto-socorro
é a pessoa que não tem medo de mim —
tiramos quinze por cento um do outro
(simples como fazem os irmãos)

e finalmente encosta a cabeça no meu peito
e agradece por eu não ter dito nada
quando me perguntou se queria mesmo brincar
de ser o diagnóstico e até as unhas roídas

nas mãos fortes do seu melhor amigo

Do interior

1.

onde haverá outro poeta, olho
e me confundo tentando reedificar
entre as roupas de candidato
alguma disciplina de atleta

2.
trocar de ciclo quando os ciclos
já não avistam a terra firme
apenas cochilam, engolem, resumem
voltar à vida, mesmo que doa

mesmo que pedras — olá, reconheça
surdo se não for trocadilhos
um amigo que bate em tuas costas
e diz que é preciso acordar

3.

tendões atrofiam no homem de 45
que passa o dia sentado escrevendo
suas meias se gastam, é de encaixe
— e quando mais tarde, aos risos

meias, sempre se pode comprá-las

Fidelidade

ficava clareando os olhos gaúchos no espelho
tentando aprender o modo certo de falar na tevê

ficava irritada, meio cega e míope, seu nome paraíso
e não sabia se o próprio choro era choro de verdade

fizeram-lhe óculos pra esse tipo de exame final
média seis e cuecas na altura de joelho na testa

lentes roxas em grau sumô natural luzes apagadas
lentes autolubrificantes espessura goles e goles de festa

Os piores supermercados do mundo

consegue pegar o metrô e chamar um táxi
e passar pelas alfândegas sem que eu tenha
de explicar como se ganha a vida sem falar inglês
e como moldei a cerâmica que desentortou
suas costas — menti quando disse que sua
tristeza não me atrapalhava; alguém nos inveja

(profundamente)

estamos viciados nesse mal conseguir

Advérbios de pequeno corpo

espera-se do poeta que lave as mãos
antes e depois de utilizar o mictório
e não se distraia com o mau estado temporário
(ou mesmo a má formação) dos azulejos
na parede do banheiro quando houver
azulejos na parede do banheiro e alguém
aguardando à mesa

espera-se do poeta que seja pedra
e, sendo pedra, aguarde à mesa até que outros
cansem desse jogo de equipes que é a solidão
até que (sendo invariavelmente pedra)
seja pedra de verdade e algum mais desavisado
venha limpá-lo com água, desinfetante e esfregão

e monte à tok&stok sobre ele uma churrasqueira
que possivelmente nunca será usada
espera-se do poeta que seja terminante
mas não tenha necessidade de ser bonito
e goste de animais domésticos e de crianças
e de acertos de conta e pegue onda em sc

e sendo de pedra (e o padrinho) lembre de enviar
cartas de aniversário, procurando jamais
ser descuidado ao falar de futuro e de amor
porque no universo das coleções de pedras
nada mais brega do que uma carta apressada
e ainda assim de amor

Cento e dezesseis e uma índia fantasma

longitudes, resquícios
que se remendarão a outros
para formar o cenário inexato de sempre

o mesmo trecho que não se concerta
com os pingos de sorvete de morango
na malha de balé que ela está usando

beligerância arraigada à extensão
que avoluma a claridade dos litorais
à brita encoberta de tinta e asfalto

paisagem que não chega a comedimento
que é recapitulação, fadiga perseguindo
um cotidiano à procura de nostalgia

e só importa a quem não a viveu
mas tenta imaginá-la
(como se da imaginação obtivesse memória)

por isso aguarda em pé dizendo a si mesma
que precisará de entusiasmo para mudar
o que é apenas esta aceleração adulta

e colheita, apesar das terras pegando fogo

A garota medalha

a garota medalha é a garota das medalhas
ganha a vida entregando medalhas
nas competições de natação

é um trabalho como outro qualquer
e pode ser bem divertido se as outras garotas
forem do tipo que sabem se divertir

os atletas não se divertem porque estão
concentrados e precisam vencer
nem todo atleta sabe dar valor às garotas medalhas

ser garota medalha é apenas um dos trabalhos
da nossa garota medalha — neste mês
ela também será a garota animadora na festa

uma festa na madrugada do dia vinte e cinco
ganhará quase dez vezes mais do que ganha
sendo a garota medalha, mas não terá tempo

tempo pra sentar e conversar — a garota medalha
teve oito empregos diferentes durante este ano
mas este ano não acabou

a garota medalha ganhará um vestido vermelho
pra trabalhar na tal festa — fazer parte
de um momento de vitória é fazer parte

de um momento de beleza

a garota da medalha é comprovação da beleza
e da sorte — a beleza não é a sorte e não é a inteligência
um atleta precisa ser inteligente

a garota medalha tem família, mas eles não são daqui
a garota medalha acordou — a beleza, o vestido, a festa
a garota medalha se esforça: nossa garota medalha

a beleza é um presente

Robala

às vezes desço até a floricultura da cobal do humaitá
atrás de crisântemos bordôs em vasos plásticos
escolho os que estiverem menos consistentes

às vezes a vendedora pergunta se não quero
crisântemos em melhor estado e, notando
minha convicção, se não quero desconto

como sempre, respondo que não: pagarei
o mesmo preço que pagaria por qualquer
outro vaso de flores; ela me acha excêntrico

pergunta se nasci na grande curitiba e se não passo
mal com o calor fluminense: conversas de bairro
— no meu apartamento as plantas não duram muito

sou igual aos donos de aquário sem disciplina
para alimentar com regularidade seus peixes
— os crisântemos expiam carmim até secar

assumindo a leveza dos chás, provam-me
aguentam minha fobia de oceano
cumprem a sua função

Gíria e salitre policial

doçura que vai me cariando
as olheiras enquanto as olheiras
viram óculos de nadar

na piscina do clube de regatas
do flamengo depois de passar
de ônibus às cinco da manhã

em frente à pizzaria guanabara
(sons que expulsem o meu dia)
a quentura das veias

veias bem ruins de encontrar
som de leiteira cheia de água
carregando a si mesma

neste conceito de planta
incolor que preciso regar
— água-viva que late

enquanto me faz companhia e fuma
etapas e berros de gente solteira
rouquidão de geladeiras vazias

esta água de quelônios
teflon que poderia ser uma voz
pra nossas plantas, peixinhos

tua parte nesta dieta de ferro

Gentilmente

lembro que faltou um abraço meu naquela vez em que
você saiu pra contratar o serviço de internet banda
larga e estava chovendo e tinha que ser pelo orelhão já
que a empresa não aceitava contratações pelo celular e
demorou dias

e também flores em minhas mãos naquela outra em que
chegou em casa dizendo que aprendeu a andar de
bicicleta e que o passo seguinte, na escalada esportiva,
seria escrever um roteiro de seriado que desse uma grana

aqui ainda 1) passagens que não puderam ser pagas 2) um
restaurante onde o garçom fez tudo errado 3) caixas
de papelão das mudanças recíprocas 4) teu mise-en-plis
que jamais colou em meus cabelos 5) texturas parecendo
lugar para morar

rotina, atraso espaçoso [...] vê, está aqui

estamos vencendo, amor

Lutem

havia esse dicionário *secando as meninas*
havia requerimentos de asilo político
cessão de lugares nas filas do supermercado

(e também nas de farmácias com desconto)
até que as tardes de sábado e as frotas marítimas
e os bombardeios viraram palavras

divisas de almirante para mostrar no dia
em que finalmente voltará ao fitness do bairro
quando então uma chuva, porém não nesta ordem

trouxer canivetes, cartinhas que acabam com pedidos
de ereção, franjinhas e spray de lágrima, fala que
se compare e a este funcionamento dos joelhos

preguiça, meados pantográficos do soro, do ar

O relógio da Mesbla

1.
arranquei cem metros (me esfolando) em direção ao mar barrento
sobre as irregularidades de chão, o crespo e cinturas de lycra
o que na pressa resumia o pontilhado de pampa em litoral

foi quando pela primeira vez não precisei das orações
simplesmente peguei a máscara de borracha
do fundo de uma caixa de natal e vesti mesmo sabendo que

não encontraria a erva dos teus olhos azuis
e (sem respirar pelo nariz) corri em direção ao barro completo
e ao termômetro — e só pensava em jean-jacques cousteau

2.
diante do granulado que embaçava tudo sendo a prova do meu
desconhecimento completo sobre respirar feito jacques cousteau
parece que todas as pessoas gritaram e aquele som de ginásio

serviu para abrir o mar e eu ser moisés e maomé juntos
remendos de câmaras de ar para uso e costura de anjos
: a vidraça da máscara embaçou e meus pés de fôrma trinta

molharam e depois os joelhos e a cintura e a urina enquanto
os gritos ficavam para trás e, pela ausência, confirmavam
que eu havia tropeçado e submergido (mas ainda curioso)

regulo para mais o brilho no programa de edição de imagens
e depois o contraste à troça da nitidez para o teu rosto
: boneca iluminada por esta luz de televisão

pontilhados iguais a grãos, areia daquela praia, cidreira
epiderme que não respira mais as lambidas do anjo
o repuxo me arrasta (e depois o grito me arranca do mar)

N'outro lote de gás

forra o piso da sala com tabletes de chocolate ao leite
inventa dias mais rápidos, conversas mais rápidas
jantares mais rápidos, trepadas mais rápidas
faz grupinho com os botões metálicos do caixa eletrônico
vinte e quatro horas a cem metros (e algumas derrapagens)
do seu prédio, o vermelho absolutamente adorável
dos comprimidos alginac mil a cada seis horas

é o máximo — um lanche em pé, aquela namoradinha
do país dizendo já dei muito o popô (deixa a moça, seu mané) —
carrego um supermercado de lactose e glúten, jovens
compram bebidas e jovens dão voltas mal escaladas
jovens pegam mais dinheiro e compram mais bebidas
jovens dão mais voltas enquanto as meninas
dizem para si mesmas que machucadas não ficarão

(elle em maisena)

jovens ganham sempre, querem saber se é diversão

Bitola Arizona

(tudo começou dentro da escuridão de um documentário) alguém cantava, acho que duas fileiras atrás, e não havia como esquecer que a cidade era mesmo recife, então veio de novo o sábado: imenso grupo de tiras comprimindo fechaduras sob o vestido que te representaria na festa e no debate literário entre as quais se pendura minha mão, e por certo o inesperado, como as paredes penduram os mapas; pensei que poderia percorrer em cruzeiro todas as cumplicidades (e a preparação das comidas em lojas) sem dizer uma palavra inconveniente, mas somos a música; para os outros somos os amigos que equilibram o final de semana atrás de churrascarias, de outonos fabricados, de mesas onde se esposem em tchã copos de coca zero e caipirinha; e este pouco de distância (um recuar: meu sobrenome incluído no último instante na lista de convidados), fofura em toalha de banho seca, comercial entre atmosferas incompatíveis, penetrável, o cinema que há dentro do capuz, e há sempre uma tarde para uma rede social, lábios iguais cerâmicas que ainda não foram molhadas

Blitzkrieg

copos esquecidos ao redor da cama
travesseiros estofados com localizadores
dos voos transferidos para rodoviárias

tua maneira de reencontrar o pão de açúcar
em diferentes fases de secagem
cozinhar o bairro humaitá numa só culinária

recheando as ruas com lugares
aonde jamais conseguirei chegar
(comprinhas à procura de erratas)

o sedentarismo do teu corpo no ponto ideal
o alarme do celular que então abotoará
centímetros a menos em nossa cama

partidas do teu time contra times cariocas
fornos a gás sem regulagem australiana
a maneira como enfrentamos as tardes, todas

teus seios e a decisão de atravessar
setembro em busca de paisagens para eu
conseguir voltar a escrever *sem demora*

tipo sorte — este ano que não seja igual aos outros

Segundo as normas

jornais morrem de velhice dentro de jornais
os quartos de hotel respiram pedras escravizadas
e o fundamento de cair

a casca grossa das conversas adiadas
um quilômetro quadrado durando três dias
e, de propósito, casais que passam muito bem

Ausência em peso líquido

onde guardar o rumo da semana?
onde guardar o senso de dúvidas?
onde guardar o *quando não se ganha nada?*
e um amor reinventado a brigar com o silêncio?

onde guardar os amigos que vão se embrutecendo?
onde guardar os que viraram comédia?
onde guardar as enfermidades que foram superadas?
onde guardar as soluções práticas?

fugir das pessoas por causa desse receio compulsório
de lhes trazer alguma desgraça, de lhes trazer o mal
: essas ilhas crescendo nos convites
onde guardar a familiaridade da sua aderência?

escrever sobre a intimidade justo por não entendê-la
na verdade escrever sobre posições vertebrais
e sobre respirar subtraindo as vagas de *talvez* e de *portanto*
escrever sobre como pedir a uma pessoa que volte

sem saber como guiá-la à emergência

Papel suave

se o destino é respirar
pode-se dizer então

que o estado inicial
é de afogamento

pés sem tornozelos
prontos para a revolução

E se a perda

1.
este cheiro de chope mal tirado
falta de atenção e piadas grosseiras
sempre campo de futebol

2.
o cansaço destas rochas enormes
e doentes — a juventude litorânea
da juventude que não pode acabar

3.
incêndio que precisa de braços
coxas que suportem a cor lilás
coleção de verbos, remendos e todavia

nenhum que sirva pra me acalmar

Júpiter compartilhado

janelas arrancadas de um pássaro
auditiva que me desidrata
bagagens para galeão

de uma só vez (tudo)
blindado contra este céu passageiro
que acaba sem vidro

na água

Primeira temporada completa

1.
descer de petrópolis com os olhos fechados
contando até dezoito antes de abri-los de novo
enquanto a companheira dorme na garupa
da vespa, achando que são frequência, papel

2.
então me liga quando chegar na beira da praia
e me conta como é voar com a infelicidade
enfiada no rabo — curso do seja homem
e repita que nunca mais torceu pelo touro

3.
chuva de pólen sobre cativeiros de peixes
assim ficaram teus olhos depois que abri os meus
casca de sexta-feira, carpas nadando em antibiótico
(show de exorcismo e) pudim de resfenol

4.
pedindo desesperada para eu frear — m. brando
em sessão da tarde — você me encara, determinada,
pergunta se o sol nasce ali mesmo
se a gente tipo é casado ou tipo vai só namorar

Escola apaixonada por restaurante

1.
soube que lhe deram um novo apelido: dino
tudo bem, porque ela sempre repete o bufê
(lamento sinceramente que você não consiga parar)

2.
restos de comida voam sobre nossas cabeças
nossos amigos riem para valer durante a guerra
o dono do restaurante ameaça quebrar a vidraça

3.
os policiais entrarão (escudos de gás e cães)
desmanchando a trilha de feijões brancos no piso
e o vinco purpurina de nossas calças XXL

4.
canetas de quatro cores lubrificadas serão armas
o colega mais velho tem manchas de se pendurar
o sabonete em meu prato já é a metade de uma cicatriz

um novo caratê nas casadas da palavra ansiedade

Clip-Clop

no fundo dos latidos de uma cadela rottweiler
escutei a água gelada correndo nas torneiras
da tua casa querendo escuridão
e se misturar ao cheiro do teu cabelo
e às tuas sardas, precisei de ano inteiro
para encontrar a enfermidade que me afastasse
de ti, e ela veio e se escondeu nos joelhos
para que eu não pudesse te acompanhar
e depois trouxe voracidade e solidão
hoje entendo que só possa haver uma alegria
essa que se mantém no silêncio do tempo
emparedada na dúvida que nutre as orações
no corpo dos pequenos seres, das coisas que
resistem sem saber e precisam tanto de nós

Metrô d'água

1.
coelho branco que devora os animais da floresta

3.
o adulto perfeito tinha vergonha do filho mais velho
o adulto perfeito mijava nas calças durante os filmes
de ficção científica (e nunca sorria dentro de casa)

4.
cossenos

5.
armaduras, essa reputação

7.
me olha, pai, não sou veneno

Fazenda

quando o domingo é agradável
e você esquece de avisar os amigos
e os ingressos do cinema

comprados com antecedência
ficam esperando
e você pede desculpas quando sorri

e recusa o chope de sempre e
se levanta para chegar logo em casa
(sem contar a bagunça)

essas roupas novas dizendo: não é tarde
e não importa o que aconteça
— portas que viverão abertas

parênteses para dissolver em água
vontade de não trocar mais os lençóis
(colecionando as manchas)

sessões de brigadeiro de colher
— nos dedos: o que lá fora —
e esse vaso que deveria estilhaçar

quando passássemos sem você

Brincos de exposição

1.

móveis à espera do fosso do elevador social
como se tivesse chegado do banho-tosa

2.

quando se escreve sobre concomitância, a linha narrativa
de um age sendo risco e o déjà-vu da narrativa do outro

3.

um boletim das alegrias e das obrigações menores
sua televisão led cinquenta que espera os convidados

(mil canais)

em você descansam os abarrotados do apartamento

Exaustão cinco

estranho adjetivo

repetir pra você
justamente aquela
frase tão curta

apelativa e barata
com a qual poetas
de baixa qualidade

ganham a vida

Exaustão seis

quando a linha inventada se rompe
(a prova mais rápida da natação)
sem a tua luz diária nestas vidraças

um mundo agora maior recalculando
igual voar somente no tempo de sobra
relógio acertado pro que mais demora

Exaustão sete

primeira turma de musculação
quinze pras sete da manhã

estranho e pontual, cumprimenta
as senhoras

usa os aparelhos
que estão mais perto das janelas

uma delas sorri
outras avisam que trocarão de horário

durante os abdominais ele adormece

Arpoador

você olha para a pessoa e ela diz as mesmas
coisas equivocadas que disse das outras vezes
e ela já está inebriada pelo quinto copo
de cerveja e segurando firme a sua mão e
falando daquela vez em que chovia sem parar

que por um tempo as coisas deram muito certo
e você diz que ainda torce para ela não estar errada
então o garçom se aproxima e passa a conta
avisa que precisa mesmo fechar o restaurante
a pessoa larga sua mão e diz um sim, pode ser

depois sem eloquência apesar da claridade

Lã de vidro

aos sábados
a menina de oito anos
que mora no edifício
em frente ao meu
passa o tempo todo
vestida de simonal

fica esperando
eu parar de escrever e olhá-la;
— quando a olho
tira os óculos de grau
exibe sua nova coreografia
sorrindo (esperando)

mostra a cartolina de sempre
onde está escrito com letra sete
"personagem para o teu romance"
dança mais um pouco
pula sobre a cama
e abana como se estivesse partindo

às vezes, ela usa um apito
e quando sorrio
pinta grades na vidraça com têmpera
é sua maneira de registrar
(se ao menos já houvesse livro)
que nosso dia se perdeu

Títulos protestados

em teu shortinho um trator
polinizando margaridas
e drive-in onde passam
filmes de outras décadas
enquanto meu verão a pau

página de internet pouco lida

Qwert

medindo perto de metro e oitenta prematuros
costumava ser literalmente arrastado
pela minha prima mais velha para as
reuniões dançantes do partenon tênis clube
(que não tinha uma quadra de tênis sequer)
e nas matinês de domingo, tímido até não poder
servia de sparing pras amigas dessa prima

todas altas gatas, mais velhas do que eu
loucas pra dançar as músicas lentas, que
naquele final da década de setenta ocupavam
metade do setlist das festas da meninada —
dentre as amigas, havia uma especial: cátia
fazia aulas de balé e não dançava com ninguém
não dava confiança, não dava intimidade

como eu era o cara da família, inofensivo
apesar do tamanho, quando tocava sua preferida
"baby come back", um hit da época que
rodava no mínimo três vezes por matinê
ela me buscava onde quer que eu estivesse
sem conversa (e sem intimidade) dançávamos
e no fim da música colávamos os rostos

cátia ou algo assim, a mais gata das amigas
da minha prima mais velha, me ensinou a dançar
e a ter um tipo especial de paciência, um equilíbrio
que aos desavisados parece acontecer só nos pés
mas, acima de tudo, cátia me ensinou a aproveitar
os momentos bons, sem sonhar além, sem fantasiar
com o que, a princípio, eu jamais poderia ter

Estoque

1.

o modo como desliguei a tevê durante a apresentação dos chili peppers no rock in rio e fui até a farmácia comprar remédio do estômago e ingeri o triplo da dose recomendada

2.

o modo como venho colecionando garrafas plásticas da água mineral natural petrópolis imaginando como poderia adaptá-las para alguma sobrevida — ao menos umas cinco, amassadas com as tampas bem apertadas para conter o ar entre as paredes de cada pulmão e porque assim eu jamais afundaria quando esquecer (no azul-escuro da baía de botafogo) que a baía de botafogo mesmo num sonho também é perigosa

3.

modo cada vez mais nervoso diante de qualquer guichê

4.

modo solidãozinha, modo leitor, modo desistência de premiação, modo não ser patrono de feiras do livro, modo nunca deixar o rio de janeiro de verdade, modo vergonha alheia, modo amizade com pessoas do meio literário, modo olhar-me no espelho, modo apesar das mosquinhas que incomodam querendo sugar o inchaço da minha narina (onde guardo terra do parque lage e guardanapos do bar rebouças) e que só existem porque preciso inventar o tempo todo que nunca tomei soco na cara e nunca sangrei e, sobretudo, que nunca procuro meu rosto mais jovem na web e (deitado na cama à tarde) nunca roo as unhas e nunca tenho saudade

Caixa preferencial

no começo você reclama
porque é charmoso reclamar
e afinal você é forte e lhe cai bem
algo de fragilidade e desistência

depois você acaba se dando conta
a reclamação se tornou rotina
e os mais novos, gostando muito
do que são, passam a lhe chamar

carinhosamente de fraco
e você aprende a sorrir igual aos míopes
(no caso de ainda não ser um deles)
daí entende, o silêncio precoce

descobre o segredo dos velhos

Seja macho

O que você dirá quando meus poemas forem apenas capotagens de mobilete e receitas de lanches rápidos à base de óleo de soja em rodoviária, quando minhas visitas forem o grosso de escritório que se mistura aos mapas riscados por caneta esferográfica e vias dutras (ainda assim de escolaridade incompleta) e meus amigos, os garotos prodígios que empolgam e empacotam o mundo com seu celofane púrpura, apenas reciclagem da velha e boa preguiça escolar de sempre? O que você dirá quando meu esforço ganhar o lado de fora da vidraça do vigésimo andar suicida animado e quando os dois gatos que tomaram o assento hospitalar de nossas filhas perderem os dentes e passarem a gaguejar as beiradas mais sórdidas de nossa ilusão familiar? Sinto a facilidade de companhia que há em cada objeto, mas posso estar enganado. Vou enfileirar tietagem literária segundo a disposição sincera de abrir bem as pernas e noivar e depois forjar seu aleijamento com as dedicatórias dos livros que não tenho tempo de ler — estes conforme o grau de megalomania e rasura de quem as redigiu. Pobre pessoa jurídica enjaulada nesse homem enjaulado na idade indumentária de inspirar pedidos de explicação fantasiosa e memória por escrito e carecer da ajuda do erário paraestatal, fingindo se divertir dentro da própria aflição, (pausa) Você dirá que precisa me ver. Sim, você dirá, esquecendo que também envelhece, dirá que precisa ficar bem maluca segurando minha mão de carne de segunda, jurando que conhece como ninguém a exagerada composição de céu nas resenhas elogiosas e nas capas de cada um dos meus livros em PVT [...] muito papel e muita putaria [...] contas que não fecham [...] caminho sem volta [...] romance.

Moinhos de Vento

expulsar as manhãs
pôr em riste o passado
chorar diante de você

ter filhos imaginários
e aguentá-los
quando forem mais selvagens

e sobretudo
quando dormirem sem roupa
durante as brigas fatais

nas câmaras úmidas do presídio
que você construirá com as mãos
(nos meus velórios)

onde não haja mais
a coincidência
e as sombras calcárias

daquele dia
na frente canária, balanço
daquela praça

Látex

vem, esconda os pés
calce nesta água
que ainda serve para
eu me lavar

tudo está perfeito
mas continua, viu —
possivelmente hostil
com o que sobrou

fingindo não saber
que eu posso ser triste
só não posso ser triste
ao teu lado

LIVRO DOIS (Tempo romano)

colibri bastante pescoço dela
meu modo de fingir trincaduras
num se autodeixando em véus
sem *habeas* — e melindrosamente

roxos de céu nos braços dela

de casaco rimando
seu papo sarampo
num jeitinho sapinho
de *sabe aí como é*

essa de pré-herói
(e nunca ser herói)
relho que não relha
machado milkbar

porque seu negócio
é bandidagem verbal
(e redobrar países passando)
heavy metal de açúcar

atrás de gregos e mão pra segurar

trepar com zíper e banheiro longe
enturmar com gritos de reter e aguentar
com fotos que nunca serão coxas

afundar a despeito do grau de parentesco
meiguice de mural volume bandejão
um tipo de casca de intervalo

voz de isso não pode
(aqui você encontrará o poema)
o choro de fabriquem outra porta

olho que é grade que ouve
ovo que é linha no poema

sem atritar a surdez do ovo
e de novo que é filme de foto

o couro mais forte do corpo
pele global nata lacrada ovo

o olho é um ovo que engole
um ovo que nasce geminado

portanto o olhar não é só

soprava dentes caninos
nas bocas das crianças

que a fome as forçasse
a mastigar e a roer o esmalte

até encontrar o calcário
descobrindo que o esfarelar é doce

só que na forma cruel (sonora)
do primeiro edifício

goleada a língua da borracha
socada na boca (dois em dois)
do meu time hoje à noite
mexida infalível
que não se completou

lábios galos
apelidados de chaleira
(gema lactose)
antebraços das ressacas do título
que não encontrou

um tipo de conversa impossível
projetada num placar banco do estado
chumbo adversário
e um modo fura-bolo de falar
eu holografo

quando eu holografo come direto
todos os eu holografo anteriores
quando se mendiga escolhas
quando entre irmãos não se pode mais sonhar
florescendo de enxágue num mesmo deserto

por descaber goleada e viver de desertos

a cor do quarto acesa
testa quase em testa
a partir da minha cabeça
contra o gêmeo da vidraça
(ló de costas e bruços)

gritos de preciso almoçar
juro que daqui me evito
porque já passei da idade
das fachadas e economia
(juntos ao cartório)

jogando teus aviões ao céu

dormir em fazenda
sobre ataques inteiros

palavra *escritor*
em duas vias

fiando filas
guias de recolhimento

a conta
o siamês dos naufrágios

saco plástico
cortina em avaria

saco de olhar
de reparar o curso de vento

carril estimação inflável
dispensa de adestramento

dentro do escuro a batalha naval
medo a sério e o músculo do teu sono

teu peito imergindo rumos sem folga
me casando entre o geral não selecionado

teu peito imerso flor remota — bumbo
em jardim que não passa de contorcionismo

o escuro não passa de contorção
(em batalha que te devolverá)

um show de contorcionismo
muito bem executado

Agradecimentos

Meu agradecimento a Leandro Sarmatz, sorte e honra tê-lo como editor pela segunda vez, e também à Diana Passy, aos poetas Ana Guadalupe, Angélica Freitas e Sandro Ornellas, pela leitura crítica, e aos ilustradores André Kitagawa, Pedro Franz e Rafael Sica, pela parceria e troca de referências que me fizeram chegar à seleção final deste livro, e a Morgana Kretzman, cuja presença tem sido inspiração. Por fim, a Paulo Henriques Britto, pelo texto de apresentação, registro aqui minha especial gratidão.

ESTA OBRA FOI COMPOSTA POR ACOMTE
EM MERIDIEN E IMPRESSA PELA GRÁFICA BARTIRA EM OFSETE
SOBRE PAPEL PÓLEN BOLD DA SUZANO PAPEL E CELULOSE
PARA A EDITORA SCHWARCZ EM AGOSTO DE 2014